知っておきたい
障がいのある人のSOS
①

聞こえにくい人のSOS

［著者］
河東田 博

ゆまに書房

もくじ

① はじめに ……………………………… 4

② どうして、耳が聞こえにくくなる？ ……………………………… 7

③ 耳が聞こえにくい人のSOS ……………………………… 10

④ 街（まち）に出て調べてみよう ……………………………… 14

⑤ 耳が聞こえにくい人のSOSを体験してみよう … 18

⑥ 耳が聞こえにくい人の経験を聴(き)いてみよう … 22

⑦ SOSを出している人に手をさしのべよう … 26

⑧ 耳が聞こえにくい人に「役立つ情報」 … 30

⑨ おわりに … 33

※本書の内容は、刊行当時のものです。

1 はじめに

耳が聞こえにくい人のSOSとは?

この本は、耳が聞こえにくい人たちが、こまっていること、
こまったときにどういうサインを出しているのか、
わたしたちはそのサインをどう受けとめ、どうしたらよいのか、
などについて書いたものです。
耳が聞こえにくい人たちが出しているSOSのサインについて、
いっしょに考えてみましょう。

みなさんは、SOSって何だと思いますか?
耳が聞こえにくい人たちは、耳が聞こえにくいために、
こまっていることがたくさんあります。
こまったときに何かサインを出しているはずです。
そのときのサインはどういうサインなのか、
何を求めて出しているサインなのか、
もしわたしたちが
そのサインを読み取ることができたら、
耳が聞こえにくい人のこまっていることは
かなり減るはずです。

テレビの音が聞こえない

電話の音が聞こえない

ペチャクチャ
会話が聞こえない

ピ～ポ～
救急車の音が聞こえない

耳が聞こえにくい人は
こまることがたくさんある

やかんの音が聞こえない
ピ～ッ

この本では、
耳が聞こえにくいために、
こまっているときに出しているサインのことを、
SOSとよぶことにします。
耳が聞こえにくい人が出しているSOSを読み取り、
SOSに対してどうしたらよいのか、を
いっしょに考えていきましょう。

耳が聞こえにくいと……

みなさんは、「耳が聞こえにくい」って、
どんなことだと思いますか。
「耳が聞こえない」と、
どうなると思いますか？

「耳が聞こえにくい」人たちは、

> どんなことに
> 不便を感じていると思いますか？

> どんなときに
> こまっていると思いますか？

> どんなSOSを
> 出していると思いますか？

よびかけられても
気がつかない

車内の放送が
聞こえない

運転見合わせに
なりました

「耳が聞こえにくい」人たちは、
みなさんのまわりにも、
きっといると思います。

耳が聞こえにくい人たちが、
どんな生活をし、
どんなことにこまっているのか、
どんなSOSを出しているのか、を
いっしょに考えてみましょう。

② どうして、耳が聞こえにくくなる？

耳が聞こえにくい原因

耳の聞こえにくさの原因は、さまざまです。
耳が聞こえにくくなるのは、次のような理由によります。

① 生まれつきの耳の悪さによるもの

② 病気、薬の副作用、精神的ストレスなどによるもの

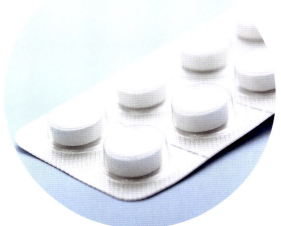

③ そのほかの原因

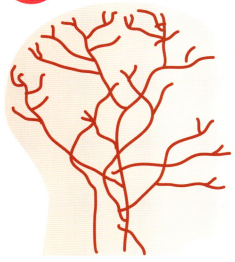

それでは、一つずついっしょに考えてみましょう。

1 生まれつきの耳の悪さによるもの

生まれつき耳がおかしかった、
生まれてくる前に、
お母さんが風しんなどの
ウイルス性の病気にかかり、
高い熱が何日も続いた、
そのため、
生まれてくる子どもの耳に
障がいが残り、
耳が聞こえにくくなってしまった、
などがあります。

ウイルス性の病気が原因になることも

2 病気、薬の副作用、精神的ストレスなどによるもの

とつぜん耳に影響をあたえる病気にかかってしまった、
強い薬の副作用によって、耳が聞こえにくくなった、
精神的ストレスによって、耳が聞こえにくくなった、などがあります。

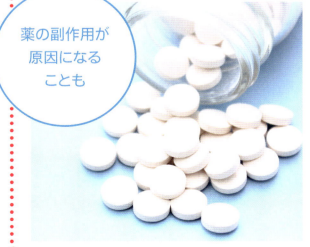

薬の副作用が原因になることも

ストレスが原因になることも

❸ そのほかの原因

年をとって起こる
耳の聞こえにくさが
あります。

年をとると
耳が聞こえ
にくくなる

外耳(がいじ)・中耳(ちゅうじ)など耳の障がいによるものから神経や脳(のう)の障がいによるものまで、
聞こえにくさの種類も、さまざまです。

話し声が聞きとりにくいからまったく聞こえないまで、
聞こえにくさの程度もさまざまです。

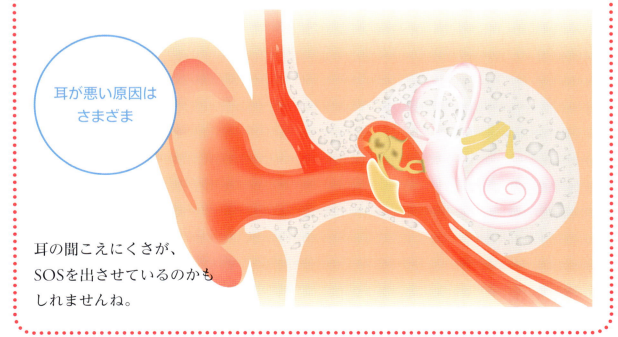

耳が悪い原因は
さまざま

耳の聞こえにくさが、
SOSを出させているのかも
しれませんね。

3 耳が聞こえにくい人のSOS

耳が聞こえにくくて、不便なことがたくさんあります。
どんなことでしょうか？
耳が聞こえにくい人は、どんなSOSを出しているでしょう？

SOS 1 相手の言っていることがわからない

わたしたちには
あたりまえの場面でも、
耳が聞こえにくい人は
こまっています。

1対1の話しあいで

友だち同士の会話で。家庭で

出しているSOSがわからなかったら、何がこまるでしょう？

- 聞き間ちがえてしまう
- 一人取り残されてしまう
- 理解できなくなってしまう
- どうしていいかわからなくなってしまう

会議などの場で

SOS 2 まわりのようすがわからない

みんなが笑っているけれど、
どうして笑っているかわからない。

みんなが笑っていても、
どうして笑っているのかが
わからなかったら、
どんな気持ちになるでしょうか。

**ばかにされているような
気持ちになってしまいます。**

SOS 3 そのほか

命の危険に
かかわることも

パトカーなどの緊急車両が来ても、わかりません。

ピ〜ポ〜

④ 街に出て調べてみよう

街の中のSOS

わたしたちのくらしている街のようすを
絵で示しています。
耳が聞こえにくい人は、
街でどんなSOSを出しているでしょう？
絵をよく見て、
いっしょに話しあってみましょう。

街には
人や情報が
あふれている

街には、たくさんの人たちがくらしています。
街では、たくさんの人たちが働いています。
街には、自転車や自動車があふれています。
街には、たくさんの情報があふれています。

街中ではこまることも多い

自転車や自動車が後ろから来たことを、
ベルやクラクションなどの
音で感じます。
自転車や自動車が後ろから来ても、
ベルやクラクションなどの音が
聞こえなかったらどうでしょうか？

人ごみはとくにたいへん

街を歩いていると、
耳が聞こえにくい人がこまることが
たくさんあります。
耳が聞こえにくい人たちは、
たくさんのSOSを出しています。
危険(きけん)なめにあうこともあります。
街を歩いていて、耳が聞こえないと、
後ろからだれ（どんなもの）が来ているか
わからないからです。

自転車に気がつかないことも

チリンチリンとベルをならしながら、
後ろからやってくる自転車にも気づきません。
サイレンをならしてやってくる、
パトカーや消防車がどの方向から
来ているかもわかりません。
とつぜん後ろから自転車や自動車が
やってくるのがわかったら、
どんなにびっくりすることでしょう。

わたしたちができることは？

わたしたちは、
どうしてあげたらよいでしょう？
いっしょに考えてみましょう。

街を歩いていると、
たくさんのサインが目につきます。
駅にも、電車の中にも、バスの中にも、
ホテルにも、トイレにも、
たくさんのサインを見ることができます。

●耳が聞こえにくい人はこまっている

ほかにどんなサインがあるかわかりますか？

どうしてこのようなサインがあるのでしょうか？

耳が聞こえにくい人にとって、
どんなサインがあるといいと思いますか？
いっしょに考えてみましょう。

耳が聞こえにくい人に役立つサインが、
もっとたくさん用意され、
SOSがなくなっていくといいですね。

●街中にあるサイン

⑤ 耳が聞こえにくい人のSOSを体験してみよう

家の中のSOS

耳が聞こえにくい人たちがこまっているのは、
街(まち)の中だけではありません。
家の中で生活していても、こまることがたくさんあるのです。
街でも、家の中でも、いつもSOSを出しています。

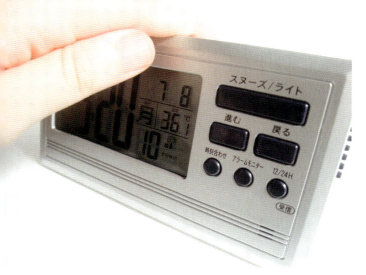

玄関(げんかん)のよび鈴(りん)や
ドアの開け閉(し)めがわかりません。

目覚まし時計のアラームがなっても
わかりません。

おふろの水がいっぱいになっても
気づかないことがあります。

食事づくりで使用する
音の出る器具を使うことができません。

電話がなってもわからないため、
電話に出ることができません。

電話がなっているのがわかっても、
電話を使うことができません。

さまざまな音に
気がつかないことがある

家族がよびかけても
わからないことがたくさんあります。

病院でお医者さんの言っている
ことがわからず、
間ちがえて理解してしまうことも
あります。

そのほかにもSOSを、
たくさん出しています。

耳が聞こえにくい人が頼りにするのは、文字情報やサインです。

音のない映画を見てみましょう。
音がなくても映画の内容はわかりましたか？

音のない映画に字幕がついているものを見てみましょう。
どちらがわかりやすかったでしょう？　日本も字幕つきの映画があります。

できることからやってみよう

耳が聞こえにくい人の中には、わたしたちの口もとを見て理解できる人がいます。
そのときには、口を大きく開け、ゆっくり話してあげましょう。

おおぜいの人が一度に話すと聞きとれません。
一人ずつ話すようにしましょう。

口もとを見て、話を理解できる人もいる

耳が聞こえにくい人には、話の内容を紙に書いてあげましょう。

耳が聞こえにくい人の中には、指文字を使う人もいます。
耳が聞こえにくい人の中には、手話を使う人もいます。

紙に文字を書いてあげれば、耳が聞こえにくい人にも理解できます。

おたがいに話の内容を紙に書いて、
伝えあってみましょう。
文字盤を使って、
自分の考えていることを相手に伝えてみましょう。

紙に書いたり、文字盤を使ってみて、どうでしたか？
文字盤は上手に使えましたか？
相手の文字盤をうまく読み取ることができましたか？

紙に文字を
書いてあげれば、
理解できる

⑥ 耳が聞こえにくい人の経験を聴いてみよう

被災地の人は何にこまっているのか？

田中陽子さん（53さい）は、
岩手県陸前高田市で、団体の役員をやっています。
以下は田中さんからのメッセージです。

●団体役員の田中さん

陸前高田は、東日本大震災で、
津波の被害にあい、
街にあふれていた「文字」も、
サインも、みんななくなりました。

街があったところは、
工事現場になってしまい、
わたしたちの知っている街は、
なくなりました。

家も、働くところもなくなりました。
家族も、親せきも、友だちも、なくした人たちがいます。

●震災前の陸前高田駅前

●震災後、津波に流された陸前高田市の中心部

でも、みんなで何とか街を再生・復興しようと、努力しています。

耳が聞こえにくい人たちは、津波の被害にあう前から、

津波の被害にあったときも、そして、今も、とても苦労しています。

耳が聞こえにくいために、情報を得られないからです。

相手が言っていることがわからず、どうしたらいいかわからないからです。

うまく話せないため、変な目で見られてしまうこともあります。

そのため、いつもストレスをかかえてしまいます。

人と出会っているときも、一人でいるときも、

年老いて体が思うように動かなくなったら、と考え、

いつも不安になってしまいます。

耳が聞こえにくい人たちが、ストレスをかかえず、

不安にならないようにするために、

どうしたらよいかを、いっしょに考えてほしいと思います。

わたしは、みんなが、「手話」をできるようになればいいと思っています。

みんなが「手話」を使えるようになれば、おたがいに助けあえますし、

おたがいに助かると思います。

わたしたちの使っている「手話」をおぼえてほしいのです。

役所でも、病院でも、職場でも、学校でも、買いものでも、…どこででも、

「手話」が使えるようになったら、どんなに便利になるでしょう。

そう思いませんか？

●手話でのコミュニケーション

早く「手話」があたりまえに使える社会になってほしいと思います。

手話通訳士(つうやくし)をたくさん養成してほしいと思います。

手話通訳士がどこにでもいてくれれば、

手話通訳士をとおして話ができます。

わたしの気持ちが伝えられます。

そう思いませんか？

ホワイトボードを使ってコミュニケーション

でも、「手話」をすぐにはおぼえられませんので、

ホワイトボードを、役所に、病院に、職場に、学校に、商店街に、

その他いろいろなところに、おいてほしいと思います。

そうすれば、わたしの気持ちが伝えられます。

みなさんの気持ちも伝えられます。ぜひやってみてください。

みなさんにお願いしたいこと、それは次のようなことです。

●わたしたちを変な目で見ないでください。

●無視しないでください。

●メモを示しながら、

　遠りょなく話しかけてください。

●他の人たちに、耳が聞こえにくい

　わたしたちのことを、

　知らせてください。

7 SOSを出している人に手をさしのべよう

勇気を出して、手をさしのべよう

SOSを出している人に手をさしのべるのは、
とってもむずかしいし、勇気がいります。

でも今回、いっしょに考え、
いっしょに体験してみて、
どんなときにこまったのか、
また、どんなふうにこまったのか、
よくわかったと思います。

わたしたちが気づいていれば、手をさしのべることができます。
でも、だれかがこまっていても、なかなか手をさしのべられないことが多いのです。

「だいじょうぶですか」

「何かお手伝いしましょうか」

だれかがこまってSOSを出していたら、
勇気をもって手をさしのべてみましょう。

こまっている人に
手をさしのべよう

　　　　　　　耳が聞こえにくくてSOSを出している人がいたら、
　　　　　　　「お手伝いしましょうか」と、手をさしのべてみましょう。

紙や手話を使ってみよう

言葉でのやりとりができない場合は、
紙に文字を書いてあげてください。

紙に
「だいじょうぶですか」
「お手伝いしましょうか」
と書いてあげてほしいのです。

そのような対応がとてもうれしいのです。

● メモでコミュニケーションをとろう

指文字や手話を知っている人は、
指文字や手話を使ってください。

指文字やかんたんな手話を
おぼえておくと、きっと役に立ちます。

指文字や手話を使えば、
きっと返事をしてくれることでしょう。

でも、電車の中などで、手話を使っている人を見かけても、
変な目で見ないでください。

手話を使っている人たちは、わたしたちが話をするように、
手話を使っているからです。

8 耳が聞こえにくい人に「役立つ情報」

便利な機器や補助具

耳が聞こえにくい人が使うと便利な、
福祉機器や補助具がいろいろあります。
このような機器は、
耳が聞こえにくい人のSOSに
とても役立っています。

役立つ機器は
たくさんある

- 補聴器
- ファックス
- パーソナル・コンピューター
  （インターネット、メール、アプリ）
- 携帯電話
  …など

ホワイトボードが
あると便利

耳が聞こえにくい人のSOSに
役に立つ福祉機器や補助具が、
いつでも、どこでも
使えるようになるといいですね。

ホワイトボードやコミュニケーションボード（絵カードを組み合わせたシート）を用意しているお店も増えてきました。

鉄道の駅などでも
コミュニケーションボードを
用意しているところがあります。

●公共交通機関のコミュニケーションボード
（公益財団法人 交通エコロジー・モビリティ財団提供）

さらにくらしやすい社会をつくろう

地震や津波が起こったら、
避難場所に避難しましょう。
耳が聞こえにくい人といっしょに、
避難しましょう。

耳が聞こえにくい人にもわかるように、
避難場所をサインで示しておきましょう。

サインは、わかりやすいので、
耳が聞こえにくい人だけでなく、
だれにでもわかります。

● 避難路の案内

● 津波に注意！

● 避難場所の掲示

避難場所だけでなく、街のいたるところに、
サインを用意しておきましょう。

わかりやすいサインをたくさん用意し、
だれにとってもくらしやすい
社会をつくりましょう。

● 駅にもわかりやすいサインがあると安心

9 おわりに

耳が聞こえにくい人たちが出しているSOSについて
学んできましたが、いかがでしたか？

耳が聞こえにくい人たちは、
耳が聞こえにくいために
たくさんのSOSを出しています。

このSOSをわたしたちが読み取れるか、
読み取れないかで、
耳が聞こえにくい人たちのこまり具合が
ぐんとちがってきます。

SOSを読み取れたら、
耳が聞こえにくい人のこまり具合は減りますし、
SOSが読み取れないと、
耳が聞こえにくい人のこまり具合は増えていきます。

みなさんもこまっていることが増えたら、いやですよね。

この本を読んでくれた人なら、もうおわかりですね。

耳が聞こえにくい人たちのSOSを読み取り、
こまったことを少なくしてあげましょう。

そして、助けあいながら
いっしょに歩んでいけるようにしていきましょう。

耳が聞こえにくい人たちのくらしは、法律ができただけでは変わりません。

耳が聞こえにくい人も
社会（家庭・学校・職場・余暇もふくむ）で活やくできるようにするために、

- 手話
- パソコン要約筆記
- 電話リレーサービス
- サイン
- 指文字
- スマートフォン
  音声認識ソフトや、
  筆談アプリなどの利用

など、耳が聞こえにくい人たちの日常生活に欠かせないサービスを、
もっと利用できるように、環境を整えていくことが必要です。
コミュニケーションに役立つもの（カードなどをふくむ）や福祉機器が、
いつでも・どこでも・だれにでも使えるようにすることが必要です。

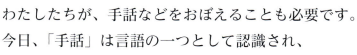
指文字や手話を
おぼえよう

わたしたちが、手話などをおぼえることも必要です。
今日、「手話」は言語の一つとして認識され、
「手話言語条例」などもつくられるようになり、
「手話」の利用が広がってきました。

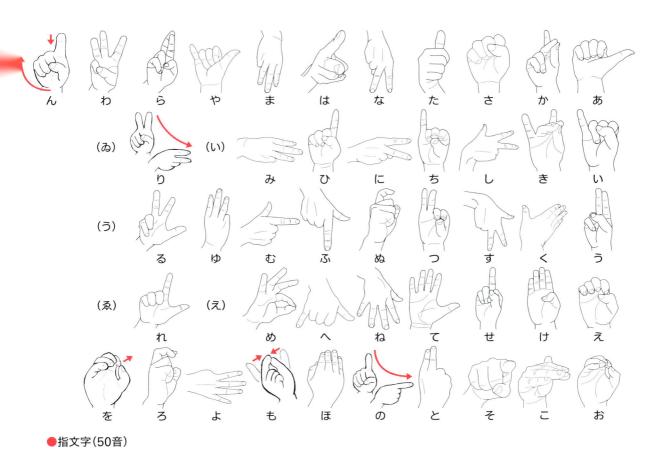

●指文字（50音）

耳が聞こえにくい人だけでなく、
だれもが安心してともに幸せにくらせる
ユニバーサルな社会が、
一日も早くやってくることを願っています。

また、だれもが、
あたりまえのことを、
あたりまえにできるような
社会を築き、
だれもが人間としての尊厳(そんげん)をもってくらせ、
社会の一員として
活動できるようになることを願っています。

著者略歴
河東田 博 （かとうだ・ひろし）

東京学芸大学特殊教育学科卒業。ストックホルム教育大学（現ストックホルム大学）大学院教育学研究科博士課程修了（Ph.D）。四国学院大学、徳島大学、立教大学教授を経て、現在、浦和大学総合福祉学部特任教授。専門はノーマライゼーション論・障害者福祉論。主な研究領域は、スウェーデンの障害者政策・脱施設化と地域生活支援・当事者参画。

主な著書に、『スウェーデンの知的しょうがい者とノーマライゼーション』（単著、現代書館、1992年）『ノーマライゼーション原理とは何か―人権と共生の原理の探求』（単著、現代書館、2009年）『ピープル・ファースト：当事者活動のてびき』（単訳、現代書館、2010年）『脱施設化と地域生活支援：スウェーデンと日本』（単著、現代書館、2013年）『自立と福祉―制度・臨床への学際的アプローチ』（編著、現代書館、2013年）『多元的共生社会の構想』（編著、現代書館、2014年）『入所施設だからこそ起きてしまった相模原障害者殺傷事件』（単著、現代書館　2018年）等がある。

執筆協力	社会福祉法人 万葉の里 職員／元職員有志
	亀山悠津子、小堺幸恵、佐々木美知子、田中陽一郎、津田和久、野村朋美、樋代景子、宮川知誉子、村山 愛、安井麻莉、山田弘夫、渡邉淳子、和田朋子

本文デザイン	川本 要
カバーデザイン	河東田 文
イラスト	小島知子　他
イラスト彩色	高橋利奈　他

知っておきたい障がいのある人のSOS ❶
聞こえにくい人のSOS

2015年5月25日　初版1刷発行
2019年9月30日　初版2刷発行

著者　河東田 博
発行者　鈴木一行
発行所　株式会社ゆまに書房
　　　〒101-0047 東京都千代田区内神田2-7-6　電話：03-5296-0491（代表）

印刷・製本　藤原印刷株式会社
©Hiroshi Katoda 2015 Printed in Japan
ISBN978-4-8433-4589-4 C8336

落丁・乱丁本はお取替えします。定価はカバーに表示してあります。